VENTE
Des 3 et 4 Avril 1905
HOTEL DROUOT, SALLE N° 10
A DEUX HEURES

COLLECTION
DE FEU M. LE DOCTEUR BAUDON

CURIOSITÉS

DE L'ÉPOQUE DE LA
RÉVOLUTION FRANÇAISE

EXPOSITION PUBLIQUE
Le Dimanche 2 Avril 1905, de une heure 1/2 à six heures

COMMISSAIRE-PRISEUR

M° MAURICE DELESTRE
5, rue Saint-Georges

EXPERT

M. GEORGES BERNARD
46, faubourg Saint-Honoré

PARIS

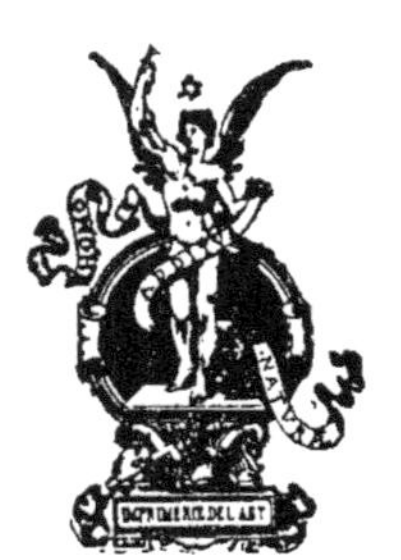

IMPRIMERIE DE L'ART

CATALOGUE

DES

CURIOSITÉS.

DE L'ÉPOQUE DE LA
RÉVOLUTION FRANÇAISE

Aquarelles de HUBERT=ROBERT et de LANGENVYK

BELLES GRAVURES SUR SATIN

BOITES — MINIATURES — ÉVENTAILS

FAIENCES ET PORCELAINES

INSIGNES, DÉCORATIONS, MÉDAILLES ET JETONS

Composant la Collection de feu M. le Docteur BAUDON

DONT LA VENTE AURA LIEU

HOTEL DROUOT, SALLE N° 10

LES LUNDI 3 ET MARDI 4 AVRIL 1905

à deux heures précises

COMMISSAIRE-PRISEUR	EXPERT
Mᵉ MAURICE DELESTRE	**M. GEORGES BERNARD**
5, rue Saint-Georges	46, faubourg Saint-Honoré

EXPOSITION PUBLIQUE

Le Dimanche 2 Avril 1905, de une heure 1/2 à six heures

CONDITIONS DE LA VENTE

La vente sera faite expressément au comptant.

Les acquéreurs paieront *dix pour cent* en sus des prix d'adjudication.

L'exposition mettant le public à même de se rendre compte de la nature et de l'état des objets, aucune réclamation ne sera admise une fois l'adjudication prononcée.

Paris. — Imp. de l'Art, E. Moreau et Cie, 41, rue de la Victoire.

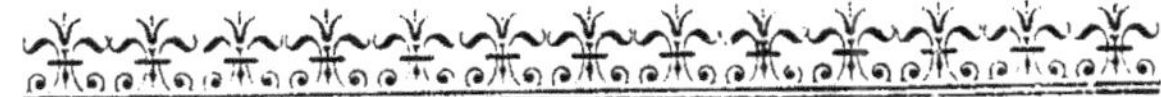

DÉSIGNATION

BOITES, DESSUS DE BOITES
MINIATURES ET OBJETS DIVERS

1 — Boite ronde, écaille blonde : Enlèvement d'un ballon aux Tuileries, 1er décembre 1783.

2 — Boite ronde, écaille brune : Portrait de Barra, imprimé sur soie.

3 — Boite ronde en racine : Madame Première, fille de Louis XVI. Buste profil en cire.

4 — Boite ronde ivoire : Bustes de Louis XVI et Marie-Antoinette, en couleur.

5 — Boite ronde, poudre d'écaille grise ; au centre : profil de Marat, poudre d'écaille rouge.

6 — Boite ronde, poudre d'écaille mélangée : Martyrs de la Liberté ; Marat, Lepelletier et Chalier.

7 — Boîte ronde, poudre d'écaille noire; au centre :
L'Alliance de la Monarchie et du Peuple qui ramène
l'Abondance, en Wedgwood.

8 — Boîte ronde, cuir, gravure en couleurs. Assemblée
Nationale au Champ-de-Mars, 14 juillet 1790.

9 — Boîte ronde, marqueterie de paille : Allégorie du
Mariage de Louis XVI et de Marie-Antoinette, 1770.

10 — Boîte, poudre d'écaille : Le Peuple libre foule aux
pieds la Monarchie, le 21 septembre 1792.

11 — Boîte, écaille brune : Prise de la Bastille, scène de
l'arrestation du Gouverneur, étain colorié.

12 — Boîte ronde, peinte au vernis, fond rouge : Prise de
la Bastille.

13 — Boîte, écaille brune moulée, sur le couvercle :
Allégorie et inscription : La France reçoit les vœux
des Trois Ordres, les présente au Roi, à M. Necker
et au duc d'Orléans.

14 — Boîte ronde : Marquis de La Fayette, commandant
général de la Garde nationale parisienne. Gravure en
couleurs.

15 — Boîte, écaille brune; plaque biscuit de Sèvres, fond
bleu, représentant la Liberté et l'Égalité, et autour :
la République Française est une et indivisible. Décret
du 25 septembre 1792.

16 — Boîte ronde, poudre d'écaille grise galonnée or,
sujet cire coloriée sur fond or : Henri IV montre à

Louis XVI le chemin de la Gloire; au-dessous, inscription : Les Premiers pas vont à l'Immortalité.
Pièce très rare.

17 — Boite écaille, galon or : Danse autour d'un arbre
de la Liberté; sujet peint à l'huile sur verre opaque.

18 — Boîte écaille : Fixé représentant les Trois Ordres
buvant « à la santé de la Nation ».

19 — Boîte, poudre d'écaille violette, sujet moulé : Le
Muphti de Cophthes chante dans la grande Mosquée
un cantique pour célébrer l'arrivée de Bonaparte au
Caire et son triomphe sur les Mamelucks, 1798.

20 — Boite ronde, ivoire : Portrait de femme au crayon.

21 — Boîte ronde, vernis blanc, filets noirs, gravure
coloriée : Les Trois Ordres soulevant le fardeau de
la Monarchie.

22 — Boîte ronde, écaille brune, sujet moulé : Le Triomphe de la Raison.

23 — Boîte ronde, peinte au vernis : Triomphe de la
Montagne. « Elle enfante l'Égalité ».

24 — Boîte ronde : Portrait de Necker, gravé à la manière
noire.

25 — Quinze boites et tabatières en buis, ivoire, corne, etc.
(Sera divisé.)

26 — Grisaille ronde : Profils de Louis XVI, Marie-
Antoinette et du Dauphin, par *Delachaussée*. 1795.

27 — Grisaille : Profil de Louis XVI.

28 — Miniature ovale : Portrait de Toussaint Louverture.

29 — Petite gravure ronde en couleur : Portrait d'enfant, cocarde au chapeau. Cadre bois.

30 — Fixé : Prise de la Bastille.

31 — Grisaille : Triomphe de l'Agriculture.

32 — Médaillon rond en plâtre colorié : Les Trois Martyrs de la Liberté; Le Pelletier, Chalier, Marat.

33 — Miniature : Portrait d'un officier de hussards, 9e brigade.

34 — Deux dessus de boîte, cartonnage découpé : Prise de la Bastille, Garde de la Nation, 1789.

35 — Médaillon, ivoire sculpté et ajouré : Naissance du Dauphin.

36 — Miniature ronde : Portrait présumé de Louis XVII au Temple.

37 — Dessus de boîte en cire blanche sur fond bleu.

38 — Une montre et quatre cadrans curieux.

39 — Monocle et lorgnon d'incroyable, breloquet acier.

40 — Flacon, verre, profil de Voltaire.

41 — Deux jeux de cartes, l'un de la Révolution, l'autre cartes Républicaines et un jeton os teint : Bonnet phrygien.

42 — Statuette, buis : Paysan courbé sous le poids des charges imposées par la Monarchie ; à ses pieds, un cartouche avec les lettres B. M. G. — ST. P. M.

43 — Vingt-huit boutons sur une planchette : Épisodes de la Révolution, portraits, allégories, etc. (inscription au dos).

44 — Douze boutons, grisaille : Sujets emblématiques.

45 — Treize boutons, peints à la gouache, attribués à Watteau de Lille : Sujets se rapportant principalement aux journées des 5 et 6 octobre (*Dictionnaire de la Révolution*). Jean Frollo, *Petit Parisien*, 1ᵉʳ article, 16 octobre 1886. Au centre, décoration des vétérans et médaille d'huissier.

46 — Gravure en couleurs : Marat. Cadre plomb.

47 — Gravure en noir : Diderot, en buste.

48 — Seize miniatures et dessus de boîtes. (Sera divisé.)

ÉVENTAILS

49 — Éventail, bois ajouré : Buste de Mirabeau, gravé en couleur ; au verso, allégorie. (Pièce à transformation.)

5o — Éventail, avec trois petites gravures en couleur : Allégories.

51 — Éventail trompe-l'œil: Assignats.

52 — Éventail Charles IX : Tragédie, acte IV.

53 — Éventail petite gaîté patriotique : Une jeune femme
entreprise par un patriote et un militaire; au verso,
une chanson.

54 — Éventail représentant les portraits de : Marat, Lepelletier, Chalier et Barras. Couplets.

55 — Éventail imprimé et colorié: Les Trois État réunis.
Couplets patriotiques.

56 — Éventail, bois, avec trois gravures en bistre.

57 — Éventail, ivoire, feuille gouachée: Attributs relatifs
au mariage républicain.

58 — Éventail, ivoire: La Loy, la Paix, figures allégo-
riques.

59 — Grand éventail: Louis XVI rappelle Necker, air
noté, fond vert.

60 — Éventail: La Liberté patronne les Français.

61 — Éventail: La Cocarde nationale: Louis XVI, Lafayette, le Dauphin. Couplets.

62 — Éventail: Arrestation et désarmement des gens
suspects au Château des Tuileries, 1791. Couplets.

63 — Éventail: Citoyens et citoyennes venant déposer des
fleurs sur l'autel de la Patrie.

64 — Éventail: Égalité, Sûreté, Propriété. Force et Vigilance. Allégories; au centre, faisceau surmonté du bonnet phrygien. Couplets.

65 — Éventail: Tombeau de Mirabeau. Couplets et anecdote. Rare.

66 — Éventail: Testament de Louis XVI.

67 — Éventail à la Malborough avec trois sujets; au verso, chanson: La Mort de Malborough.

68 — Éventail avec trois scènes du mariage de Figaro, imprimé et colorié; au verso, chanson et musique.

69 — Éventail: Patriote coiffé du bonnet phrygien posant des fleurs sur l'autel de la Patrie, orné des bustes de Lepelletier et Marat. Monture ivoire.

70 — Éventail du Directoire: Concert champêtre.

71 — Éventail imprimé en bistre: Le Temple; de chaque côté, un tombeau.

72 — Éventail: Désespoir des Pensionnaires, colorié, très rare.

73 — Éventail, bois ajouré et gouaché, avec trois médaillons en couleur: Louis XVI, Necker et allégories du fardeau de la Royauté.

74 — Éventail, bois, trois gravures en bistre.

75 — Éventail: Conquête de la République Française. Trois sujets coloriés. Pièce très rare.

76 — Très curieux éventail tiré en bistre: L'Athéisme réduit en cendres, deux autres allégories.

77 — Éventail: Tombeau de Marat; couronnement du Génie de la Liberté tiré en noir sur jaune.

78 — Éventail, en bois ajouré; trois gravures, dont deux coloriées et une en bistre.

79 — Éventail: Le Serment civique, colorié. Couplets.

80 — Éventail: Prise de la Bastille par les Bourgeois et les Gardes françaises de la bonne ville de Paris, 14 juillet 1789. Couplets.

81 — Éventail analogue au précédent, avec « Précis abrégé de la Prise de la Bastille » et couplets.

82 — Éventail tiré en couleur; au centre, médaillon en bistre, dans le genre de Hoin.

83 — Éventail: Le Retour de Necker salué par les Trois Ordres et la Renommée.

84 — Éventail: Allégorie à la « Tenue des États Généraux, 27 avril 1789 »; au verso, chanson sur les États Généraux.

85 — Éventail à la gloire de Catherine Vassent.

86 — Curieux éventail: Prise de Toulon par l'armée des Républicains français, colorié; au verso, Hymne des Marseillais. (Pièce excessivement rare.)

DESSINS, PEINTURES, GRAVURES
ÉTOFFES

87 — HUBERT ROBERT. Très beau dessin, rehaussé d'aquarelle : Sans-culotte en faction devant une statue de la République ; près de lui, une jeune femme, assise sur des ruines, joue avec une jeune enfant. A gauche, le Panthéon. Signé : *H. Robert, anno 1792.* Cadre en bois sculpté et doré.

88 — Dessus de glace, peinture de la Révolution : Repas de réconciliation des Trois Ordres.

89 — Enseigne de cabaret lillois, peinture à l'huile.

90 — Pastel : Portrait d'un Garde française. Cadre en bois doré.

91 — Fichu, étoffe imprimée (sous verre).

92 — Deux fragments de tentures en toile de Jouy : « la Bastille » et « au Ballon » (sous verres).

93 — Fichu : Louis XVIII avec les portraits des députés.

94 — Deux gravures : Vues du Palais-Royal.

95 — Portrait en pied d'un Conventionnel, peinture à l'huile sur papier.

96 — Petite peinture de la Révolution : Goujon venant de se poignarder dans sa prison. Cadre ancien.

97 — Deux petites peintures : Danse de la Carmagnole.

98 — Deux portraits : Homme et femme se faisant pendants, au crayon et pastel. Cadres ovales.

99 — Portrait de femme, robe grise, fixé encadré. Époque révolutionnaire.

100 — Portrait de Mérinne, député de l'Oise, dessin en couleur. Encadré.

101 — Portrait de femme, de profil, dessin rehaussé de couleur. Cadre en bois noir, rond.

102 — Gravure sur satin : Louis XVI et Marie-Antoinette en buste, tirés en bistre dans un riche encadrement de guirlandes de roses et de rubans bleus. Pièce très rare attribuée à Janinet.

103 — Gravure sur satin : Madame de Polignac et les Enfants de France. Tirage en bistre dans un cadre doré et entouré de branches de lierre et de rubans roses.

104 — Très beau dessin à la plume, rehaussé d'aquarelle : Premier essai des ballons employés à l'observation des mouvements de l'ennemi, bataille de Fleurus. Signé : *Langenvyk*, 1794.

105 — Profil de femme dans un médaillon couronné de feuilles de laurier, dessin légèrement teinté. Cadre noir et or.

106 — « Calendrier des Femmes libres », 1795, dessiné par la citoyenne « Marguerite Chatté », rue Saint-Jacques, nº 256. Pièce très intéressante.

107 — « Ici on s'honore du titre de citoyen », curieuse affiche imprimée en noir et coloriée.

108 — Jeu national et instructif, tiré en noir, rehaussé de couleur et verni.

FAIENCES ET PORCELAINES

109 — Deux assiettes, faïence de Lille, marli décoré de lambrequin bleu ; au centre, allégories à la Guerre des farines. Pièces de la plus grande rareté.

110 — Cent quarante-sept assiettes de différentes fabriques. (Sera divisé.)

111 — Vingt-cinq pièces, faïence : saladiers, plats et autres. (Sera divisé.)

112 — Six pièces, faïence : pichets, cruches et tonnelets.

113 — Quatre carreaux, faïence du Nord : Vive la Nation !

114 — Quatre carreaux, faïence de l'Oise. (Description au dos.)

115 — Deux carreaux, faïence de l'Oise.

116 — Porte-montre, terre de pipe : La Liberté brise les chaînes.

117 — Lot de porcelaines et verres. (Sera divisé.)

118 — Buste de Voltaire, faïence de Saint-Amand.

119 — Buste de Voltaire, pâte de verre.

120 — Bustes de Voltaire et Rousseau en biscuit, socle en porcelaine.

121 — La Liberté et l'Égalité, deux plaques, biscuit de Sèvres, fond bleu.

SOUVENIRS DE LA RÉVOLUTION

122 — Écharpe d'Azéma, député de l'Aude, à l'Assemblée législative, en 1791. Pièce très rare.

123 — Deux insignes, drap rouge brodé : Liberté, Constitution. — Deux autres insignes, drap rouge, ayant la forme d'une fleur de lys, portent les mêmes inscriptions. — Deux autres, de formes triangulaires.

124 — Décoration de vétéran, ovale, en cuivre, formée de deux épées et d'une pique croisées; celle-ci surmontée du bonnet, avec son ruban tricolore.

125 — Bijou républicain, ayant la forme d'un cœur; au centre, livre ouvert, sur lequel on lit : Vive libre ou mourir. Vive la République. Cuivre doré de deux tons.

126 — Insigne d'un membre de club de femmes : dans un médaillon ovale, bonnet phrygien en drap rouge, avec la cocarde.

127 — Décoration, en or, des vainqueurs de la Bastille, décernée aux gardes françaises entrés les premiers à la Bastille.

128 — Carte de la Société Populaire et Républicaine du Bon Conseil, gravée par *Ingouf l'aîné*.

129 — Carte d'électeur pour la Convention nationale du département de Paris.

130 — Carte de membre du Corps législatif, Conseil des anciens, au citoyen Geoffroy, messager d'État.

131 — Carte du citoyen Pallüer.

132 — Carte de représentation à la Convention nationale, ayant appartenu au citoyen Merlin, de Douai.

133 — Insigne de club, en soie brodée, sur lequel on lit : « Sans culotte. Vive la République ».

134 — Insigne de club, soie brodée : Fédération des Vosges, le 7 mars 1790.

135 — Carte de la Société Populaire des Gardes françaises. L'an II.

136 — Carte du Club des Cordeliers du citoyen Robespierre jeune, et portant sa signature. — Portrait de Robespierre jeune en étain, entouré de l'inscription : « Robespierre jeune, représentant du Peuple » ; au

revers : « Honneur aux défenseurs de la Patrie.
Robespierre jeune au camp devant Toulon » ; R. F.
Deux pièces de la plus grande rareté.

137 — Décoration des Vainqueurs de la Bastille. (Décernée aux civils.) Argent, ruban tricolore.

138 — Écharpe tricolore en soie, provenant d'un maire
(Belgique).

139 — Insigne en bronze : Service du Conseil des Cinq
cents (Devaux).

140 — Lot composé de vingt-quatre cartes de clubs, bul-
letins de sûreté et autres, relatifs à la Révolution
(Sera divisé.)

141 — Lot de quatorze cachets. (Sera divisé.)

DÉCORATIONS ADMINISTRATIVES

ET INSIGNES

142 — Juge de paix, deux insignes émaillés : La Loi et
la Paix.

143 — Juge de paix, cartouche émaillé : Bonnet phrygien.

144 — Juge de paix, cartouche émaillé : La Loi, la
République française.

145 — Plaque émaillée : Le Tribunal révolutionnaire, la Loi.

146 — Plaque émaillée : La Loi.

147 — Officier de police militaire.

148 — La Loi et la Paix.

149 — Commissaire des guerres : Respect à la Loi.

150 — Plaque en bronze : Surveillance.

151 — Plaque en bronze : Action de la Loi; Loix, Justice, Union; Force d'un peuple libre.

152 — Médaille en cuivre : Tribunal civil et criminel de la Seine.

153 — Médaille en cuivre : Tribunal de première instance.

154 — Médaille en cuivre : Respect à la Loi. République française.

155 — Médaille ovale en argent : Représentant du peuple. Conseil des Anciens.

156 — Médaille de Député à l'Assemblée législative.

157 — Plaque d'Agent des Postes de Montdidier, cuivre repoussé.

HISTOIRE DE LA RÉVOLUTION
MÉDAILLES, JETONS ET MONNAIES

158 — Quatre plombs différents : La France soutenue par les Trois Ordres.

159 — Médaille commémorative de l'ouverture des États-Généraux. Pièce très rare.

160 — Médaille en étain : Ouverture des États-Généraux.

161 — Autre médaille en étain : Louis XVI, père des Français, roi d'un Peuple libre.

162 — Bas-relief en étain : Le Serment du Jeu de Paume.

163 — Cinq étains : Prise de la Bastille.

164 — Médaille en étain : Le duc d'Orléans, bienfaiteur. Au revers : Prise de la Bastille.

165 — Quatre médailles se rapportant à Palloy le Patriote.

166 — Médaille en bronze : Commémoration de la nuit du 4 Août.

167 — Deux plaques, étain : Arrivée du roi à Paris.

168 — Médaille, bronze : Retour du roi à Paris.

169 — Médaille, plomb : Louis XVI, Restaurateur de la Liberté.

170 — Quatre pièces, bronze, relatives au Pacte fédératif.

171 — Deux pièces, bronze, et une pièce en plomb : Confédération des Français.

172 — Trois pièces relatives à la Fédération des départements.

173 — Grande médaille, bronze : Caricature de l'évêque Gobel. Lyon, an II.

174 — Quatre pièces relatives à l'exécution du Roi et de la Reine.

175 — Petite médaille en argent : Marie-Antoinette. Au revers : Son tombeau, 1793.

176 — Deux pièces, bronze : Journée du 10 Août.

177 — Médaille, bronze : Les Trois Cœurs réunis.

178 — Médaille, étain : Calendrier de l'an V. Très rare.

179 — Matrice de la médaille de la Paix de Lunéville an V.

180 — Deux médailles à l'effigie de Bonaparte.

181 — Trois pièces : Une à l'effigie des trois Consuls et deux à celle de Bonaparte.

182 — Médailles particulières : Voltaire, J.-B. des Galois de La Tour, Murget, Letellier.

183 — Vingt pièces de monnaies diverses. (Sera divisé.)

184 — Trois pièces : Atelier de confection; Caisse d'Escompte; Jeton de la Commune de Bordeaux.

185 — Deux Jetons des Cordeliers, sous la présidence de Danton, dont un doré.

DIVERS

186 — Deux poignées de commode : Prise de la Bastille.

187 — Deux couronnements d'horloges. Époque révolutionnaire.

188 — Horloge de la Révolution.

189 — Calendrier pour l'année 1793. Cadre en bois du temps.

190 — Moule à pain d'épices. Époque du Directoire.

191 — Baromètre en bois doré, surmonté des « Tours de la Bastille ».

192 — Baromètre en bois doré : Mongolfière.

193 — Terre cuite de Nini : Franklin.

194 — Terre cuite de Nini : Marie-Antoinette.

195 — Terre cuite, médaillon rond : Hoche.

196 — Terre cuite, médaillon rond : Barra, par Renaud.

197 — Personnage portant la décoration des vétérans et l'écharpe de représentant Cire.

198 — Portrait de Bailly. Cire polychrome.

199 — Deux médaillons renfermant : l'un, les portraits de Marat et de Lepelletier, gravés en couleurs ; l'autre, le portrait de Chalier.

200 — Portrait de Victor-François de Gibelin, officier au régiment des Gardes Suisses au service de Louis XVI, dessin au crayon d'Italie, rehaussé de couleurs.

201 — Plaque de ceinturon en cuivre, avec applique en argent aux armes de la ville de Paris surmontées du bonnet phrygien.

202 — Garde de sabre en cuivre doré. A l'intérieur, l'inscription : « Arme pour la Patrie », et en lettres effacées : « 14 Juillet. Fédération ».

203 — Belle médaille en bronze, frappée à l'occasion de la naissance du Dauphin, fils de Louis XVI et de Marie-Antoinette.

204 — Petit portefeuille en soie brodée au point de chaînette. Époque de la Révolution.

205 — Très beau portrait d'André Chénier. Fixé, peint en 1794.

206 —· Petit buste de Danton, bronze patiné.

207 — Profils en bronze de Bailly et de Lafayette sur plaques de marbre. Cadres anciens, bois noir et doré.

208 — Robespierre. Médaillon en bronze appliqué sur marbre. Analogue aux précédents.

209 — Deux médaillons ronds, gouachés, portés par les femmes dans les clubs de la Révolution.

210 — Trois médaillons analogues aux précédents.

211 — Sous ce numéro, divers objets : soldats de plomb, pipes, encrier, etc. (Sera divisé.)

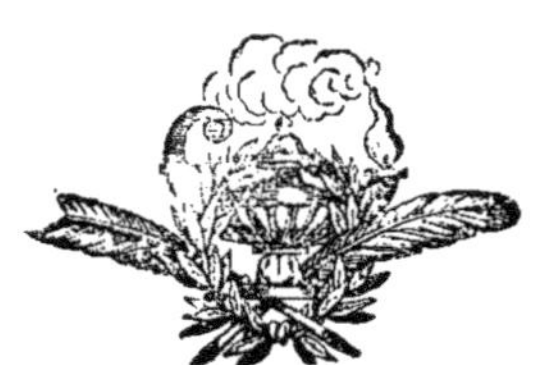

www.ingramcontent.com/pod-product-compliance
Ingram Content Group UK Ltd.
Pitfield, Milton Keynes, MK11 3LW, UK
UKHW031706170726
13836UKWH00001B/63